Daniel McCosh

Ausgang

Freiheit lässt sich nicht übersetzen, nur erkunden.

Bibliografische Information der Deutschen
Nationalbibliothek:
Die Deutsche Nationalbibliothek verzeichnet diese
Publikation in der Deutschen Nationalbibliografie;
detaillierte bibliografische Daten sind im Internet über
http://dnb.dnb.de abrufbar.

Cover und Design: Claudia Habermann & Daniel McCosh
Lektorat: Nadine Bomhard & Claudia Habermann

Herstellung und Verlag: BoD – Books on Demand,
Norderstedt

ISBN: 978-3-752867657

Die Schwäne auf dem Wasser

Zwei Federn ruhen auf stiller Oberfläche,
der Schwan und seine Begleitung
lassen ein zärtliches Naturgeschenk zurück.
Wie sie tanzten,
Hals um Hals.
Wie sie vorbeiflitzten,
Wie sie die Flügel streckten.
Nun sind sie die einzigen Juwelen auf dem
Königssee.
Wie ihre Hälse elegant verschwinden
in ihren königlichen Körpern.
Sie treiben friedlich in einen sanften Schlaf.

Nagual

Wir lieben, schwenken und schweben.
Urgeschichten stammen aus dem Jenseits des
Lebens.
Masken zerbersten in Flammen und Gesichter
schmelzen.
Unsere Schatten flimmern und flackern.
Schattenfinger umschließen einen Kreis aus
glühendem Stahldraht.
Der Schamane zerfällt zu Asche.
Die Wiedergeburt naht.

Attersee

Die Natur schillert als reinster Brilliant
an einem wildromantischen Ort,
der Kirchturm verbindet Himmel und Erde.
Der Morgenrock der Natur in smaragdgrün
und saphirblau
ruft unsere Herzen zum Aufbruch auf.

Am Fuß des Berges reckt und streckt und
versteckt sich spielerisch eine gähnende
Wassernymphe in Tau und Tal.
Der Vogel tanzt fein und frei,
ruft unsere Herzen zum Aufbruch auf.

Der stille Beobachter von Schilf überdacht
findet Frieden im Schatten der natürlichen
Pracht.
Ein Schiff teilt das Wasser gemächlich
entzwei.
Etwas Verlorenes wird plötzlich heil – er
nimmt einen Stift,
um einen Atemzug der Natur in sich
aufzunehmen und
ruft unsere Herzen zum Aufbruch auf.

Herbstblätter

Herbstblätter haben uns gerufen,
die Liebe knisternd, wachsend, flammend.
Ein stiller Waldpfad führt den Weg
durch ein Labyrinth zur Geborgenheit.
Die Heimat eines gemeinsamen Herzens.
In unserer eigenen Natur
leuchtet das Blätterdach unterm
Sternenhimmel
feuerrot und goldgelb.
Das Waldgeflüster führt unsere Geschichte
fort,
beruft uns zur Einigkeit.
Das Versprechen, dass die Liebe
selbst ewige Natur übersteht, ist
eichenstark und immergrün.

Hochzeitssegen

Blütenblätter wenden sich uns zu.
Wir stehen gemeinsam
im Spiegelbild von vier Jahreszeiten.
Unsere Erinnerungen,
ein Vermächtnis der gemeinsamen Reise,
über viele Städte verteilt.

Die Welt verborgen in unseren Herzen.
Wie wir uns lehrten, Licht zu spüren
und Farbe zu hören.
Es gibt kein wahreres Wort als ja,
keinen mutigeren Ausdruck der Kraft, die uns
verbindet.

Unsere Leben wurden eins,
zogen uns in einen gemeinsamen Bann.
Unsere Geschichte fing gerade erst an.

Treitrevortni

Haltet SMALLTALK
klein aber fein

DENKE
TRÄUME
INSPIRIERE
SCHAFFE
LIEBE UM HIMMELS WILLEN

Die Stille
Oft mit
(einer zu füllenden Lücke)
verwechselt

Gedanken sind
geräuschlos

Probiere es aus

Der Zitronenbaum

Unter dem Zitronenbaum
sitzt das Mädchen in weißem Gewand.
Ihre Finger berühren ihre Lippen,
sie spürt den prickelnden Zitronensaft.
Olivenhaine.
Sonnenverbrannte Erde.
Es hat seit Tagen nicht geregnet,
bis sie ihre Träume erzählt.

Ein Tag beim Pferderennen

Die Insel schwankt.
Die Briten gehen vor die Hunde,
Überflutung und Übermut.
Sie trinken Pimms und feiern.
Schlupflöcher im Hut beim Pferderennen.
Aus einst belebten Städten
werden graue Lager.
In diesem verwüsteten Land
ertrinken Helden,
sinken Patrioten,
fallen Krieger.
Die Lügen hausgemacht.
Haltet die Hüte fest.
Großbritannien jubelt immer noch auf dem
letzten Platz.
Der Ausweg: Nächstenliebe üben.
Es bleibt euch doch leider fern.

Hades

Hades verdeckt im Ascheumhang,
verschreckte Knochen tragen
eine verlorene Seele auf Spiralen,
die auf ewig verbrauchte Energie
einschließen.

Ich fordere Euch heraus.
Gewährt mir Zutritt.
Tief in Eurem Rachen von erschöpftem Leder.
Hysterische Skelettlippen,
Ihr möget mich bereichern.
Küsst mich mit verdorbenem Atem.
Ich erhebe mich und siege
– ich bin verschont geblieben.

Sprachlos

So viele Jahre
habe ich stille Wörter an Dich entworfen,
gefeilt und geschliffen.
So viele Jahre
habe ich geschrieben an Dich und zu Dir
geschrien
mit Gelächter und Tränen, als ich schuftete.
An Tagen, an denen sich Wörter leicht finden,
gingen sie
genauso leicht verloren.
Sie trugen für Dich kein Gewicht.
Ich warf sie weg und
riss Löcher in Wörterbücher.
Ich werde wohl die Wörter nie finden,
die Dich verewigen.

Folgt mir OFFline

Der vermeintlich kluge Begleiter verdeckt das
Tageslicht,
das unsere Gesichter wieder naturgetreu
beleuchten könnte.

Stattdessen glühen wir künstlich blau
und zerstören unser Dasein mit hastigen
Worten.

Die Kunst rutscht durch unsere klebrigen
Finger.
Sie kritzeln nur digitale Missgeburten hinter
Panzerglas
und ernähren sich von der Wut der Kritiker.

Das Gift sickert durch ihren Lippenstift und
verätzt das gesprochene Wort.

Herzlich willkommen Generation X.
Die nächste wird aufgerufen!
Folgt mir OFFline.

Digitale Revolution

Drahtloses Leben. Augen sind weit
aufgesperrt,
geschlossen. Keine! Auszeit.
Es gibt einen Syntaxfehler
und das Leben
kann nicht mehr zusammengerechnet
werden.
Ermitteln = | EOF
Neustart. PrintF.
Das Programm entwickelt sich fort.
Ging es vorher nur aus, gibt es nun OUTPUT.
MUSS
WACHSEN
ERWACHEN
Hört es zu?
Denkt es?
Wo sind nun die Unterschiede?
Zwischen Mensch und Maschine
- Sitzung getrennt

Sauerstoff im Rückwärtskreislauf

Bevor der Kalender mitreden konnte
und der bionische Hund kaute
(Pellets aus Nanopartikel).
Irgend so ein Mensch hat eine schlechte Idee:
Zwei plus OH! – plus zwei plus –
(oh)-oh.
Wo führt der Weg jetzt hin?
Den Sauerstoff im Rückwärtskreislauf atmen?
Und uns wundern, was früher so besonders
war?

Gegen das Gesetz

Kristallfragmente und massive
Meteoritentrümmer verrecken.
Die knallenden Kanonen
der galaktischen Geisterschiffe
tummeln sich im Universum
und turnen durch das All.
Neugeborene Nebelflecken
bersten aus verträumten Feuerkörpern
und zerschießen die Physik.

+ Aufgeladen

Reden (miteinander)
Entdecken
Verfeinern
Öffnen
Leuchttürme von
Unbekannten
Talenten
In
Omniszienter, aufgeklärter,
niemals endender Zeit

Kationen sind positiv aufgeladen.

Theremin

Der richtige Fingersatz meistert
Dynamik und Ton.
Bloß kein Zauber,
nur ein Theremin.

Unsere Hände
bringen es mit Schwung
zum Schreien.
Der wahre Klang von
elektrisierenden Träumen.

Bebend und wankend,
die Nacht durchgefeiert.
Es lebe die Musik.
Hör, wie es schreit und stöhnt.

Musik

Er schnappt sich das Saxofon
bevor die Kerze niederbrennt.
Er greift das Mundstück
und atmet tief ein.
Die Melodie schläft nie.

Es treibt ihn zu einem Ort
wo Geist auf Seele trifft
und er tanzt voll Wunder entzückt.
Jeder Ton ein elektrischer Blitz,
eine Sternschnuppe am Sonnabend.

Am Tresen ist die Luft verraucht.
Alle sehen der Sängerin zu,
einer Schönheit vom Lande,
die einer leblosen Stadt Leben einhaucht.
Ein Geigerspiel am Gleis
riss die himmlische Nacht entzwei.

Staunen

Die Natur brodelt und sprudelt zwischen
Bergen.
Sie keucht wie ein staunendes Kind, das
gerade in der Welt angekommen ist.

Er durfte

Er durfte reden
ohne zu verschonen.
Er durfte leben
ohne Schablonen,
Zensur und Korrektur.
Er schrieb und schrieb Fehler
bis Knoten platzten.
In einem Freudenerguss
kam der erste Atemzug,
ein Lebensgenuss.
Der Stift lügt nicht.

Stille Riesen

Groß und mächtig sind stille Riesen,
auf die immer Verlass ist.
Die selbstlosen Krieger, die bis an die Fronten
vorrücken und Heldentaten vollbringen.

Wir erkennen dankend an
unsere Helden unter Nachbarn
und sprechen ein Lob aus für alle
Helfer in Not.

Anker

Der Wind peitscht durch das Geröll
und stiehlt Geheimnisse aus Sandpfützen.
Die Zeit verebbt und lädt zum Tanzen ein.
Die Gischt im Gesicht zischt und kühlt,
Haare kleben ihnen auf den Wangen.
Diese Liebe ist eine Rettungsleine.
Der Anker bindet
die letzte Zeile.

Unvollendet

Sonnenlicht umkreist das Kruzifix. Federleichte Ballerina, barfuß, scheinheilig und fesselt das Herz. Geschöpf. Alle beiden Schuhe ausgezogen, Engelhaare streicheln und berühren Gesichter bis Träume aneinander stoßen in einem unvollendeten Meisterwerk. Du. Schönheit erwärmt und fesselt das Herz.